ON THE FARM
ACTIVITY BOOK

ScribbleKids Press

Connect with us!

Visit us online at
www.ScribbleKidsPress.com

Email: scribblekidspress@gmail.com

This book belongs to

_____

- - - - - - - - - - - - - - - - - -

_____

COLOR ME

COW

TRACE ME

TRACE YOUR WAY TO THE BARN

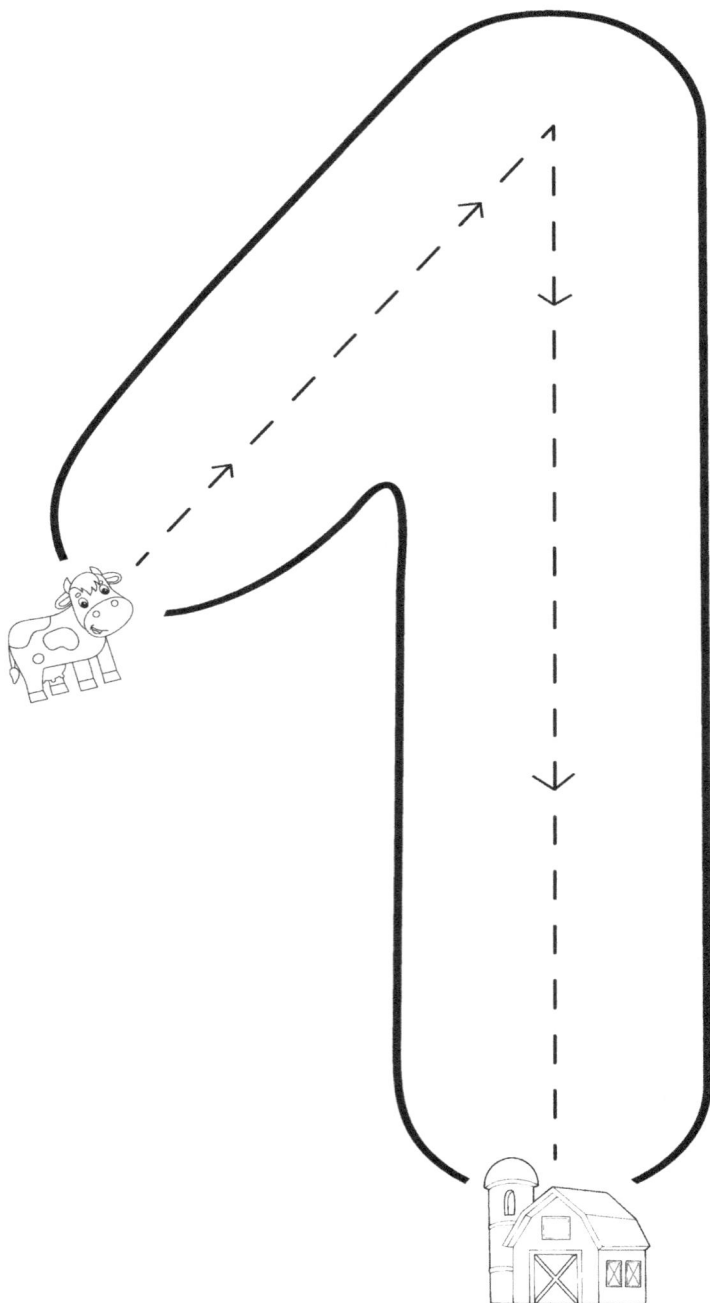

COLOR ME

PIG

TRACE ME

TRACE YOUR WAY TO THE BARN

COLOR ME

HORSE

TRACE ME

TRACE YOUR WAY ALONG THE LINES

COLOR ME

BARN

TRACE ME

TRACE YOUR WAY TO THE BARN

COLOR ME

CHICKEN

TRACE ME

TRACE YOUR WAY TO THE BARN

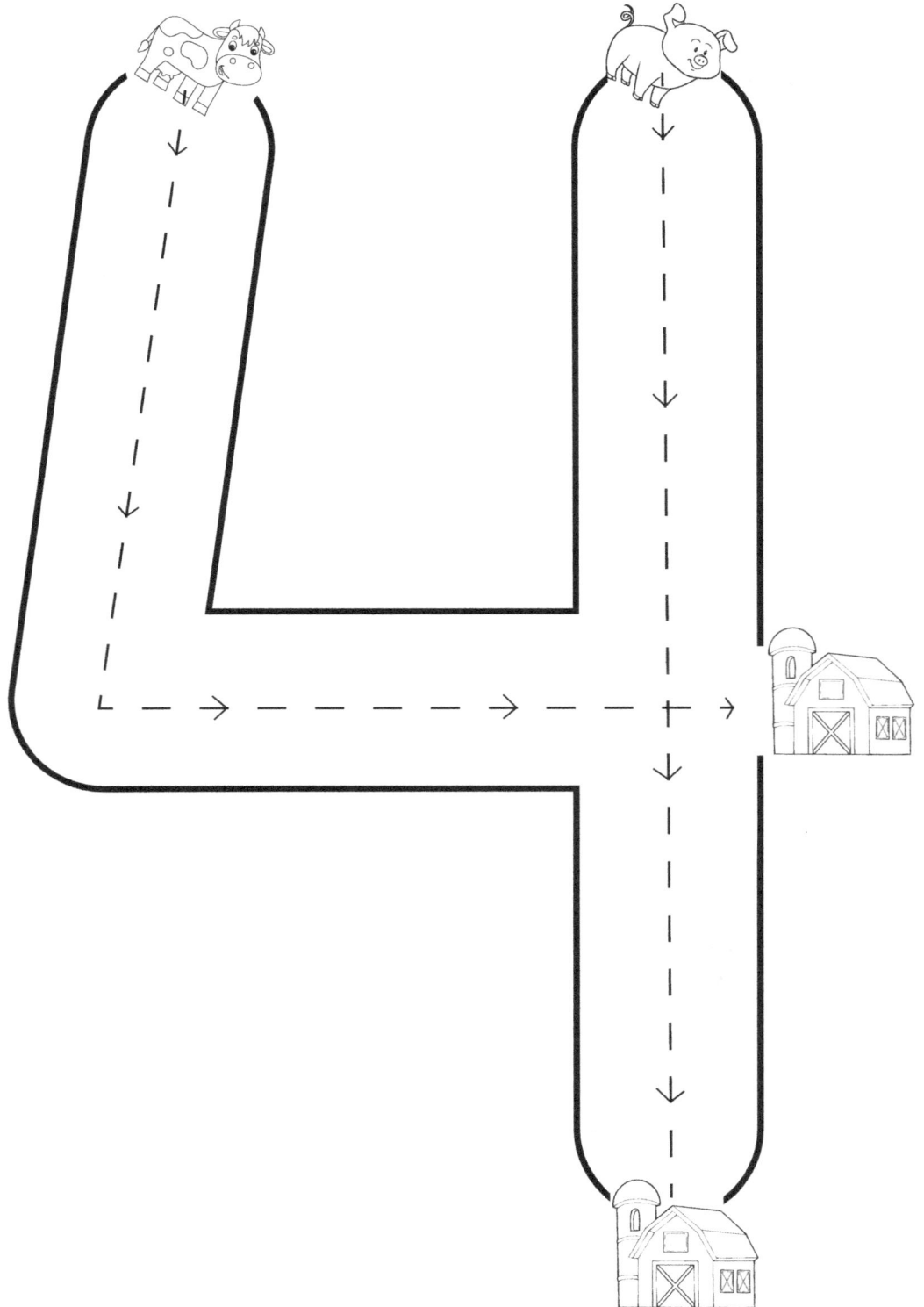

COLOR ME

COW

HOW MANY?

COUNT HOW MANY CHICKENS ARE IN EACH BOX
THEN CIRCLE, OR COLOR, THE NUMBER

| 3 | 1 | 8 | 2 |

| 1 | 4 | 5 | 2 |

| 8 | 6 | 5 | 1 |

| 2 | 4 | 7 | 3 |

COLOR ME

GOAT

TRACE ME

TRACE YOUR WAY TO THE BARN

COLOR ME

SHEEP

Dot to Dot

Pig

1-5

CONNECT THE DOTS TO COMPLETE THE PICTURE

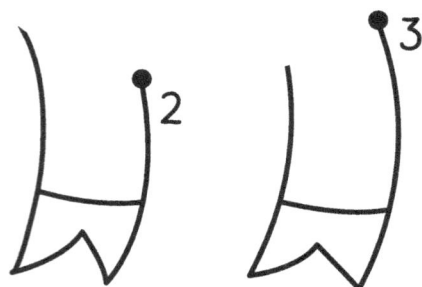

COLOR ME

READ THE NUMBER & COLOR THE AMOUNT

1

4

3

5

2

TRACE ME

TRACE THE NUMBERS

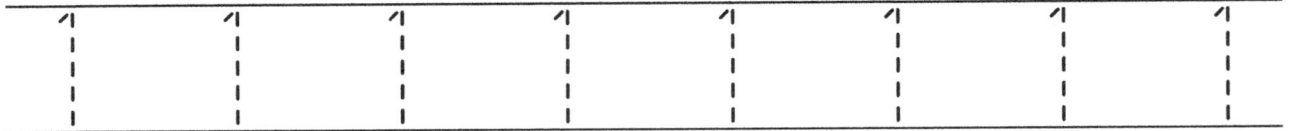

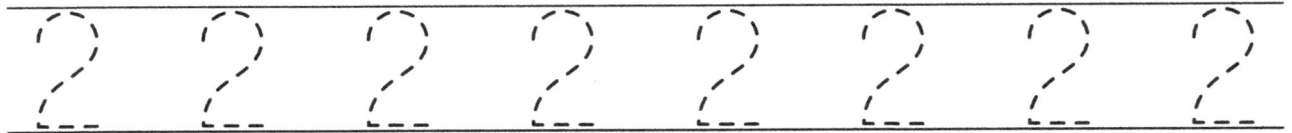

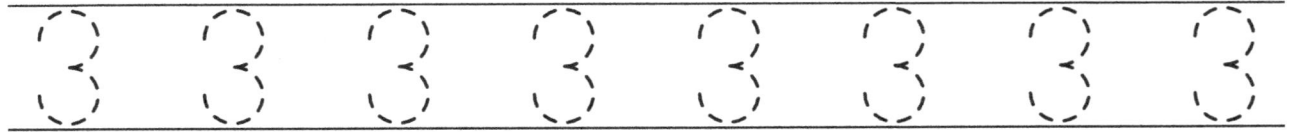

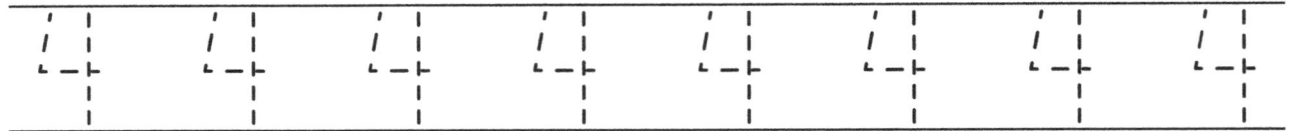

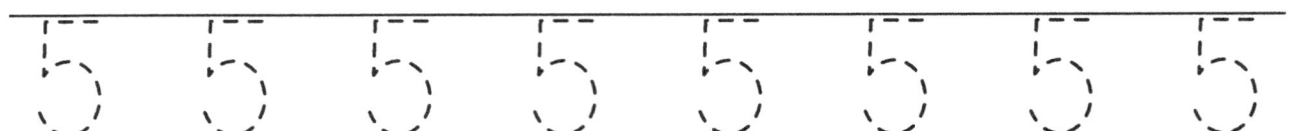

1 1 1 1 1 1 1 1

2 2 2 2 2 2 2 2

3 3 3 3 3 3 3 3

4 4 4 4 4 4 4 4

5 5 5 5 5 5 5 5

COLOR ME

TRACE ME

TRACE YOUR WAY TO THE BARN

COLOR ME

GOAT

TRACE ME

TRACE YOUR WAY TO THE BARN

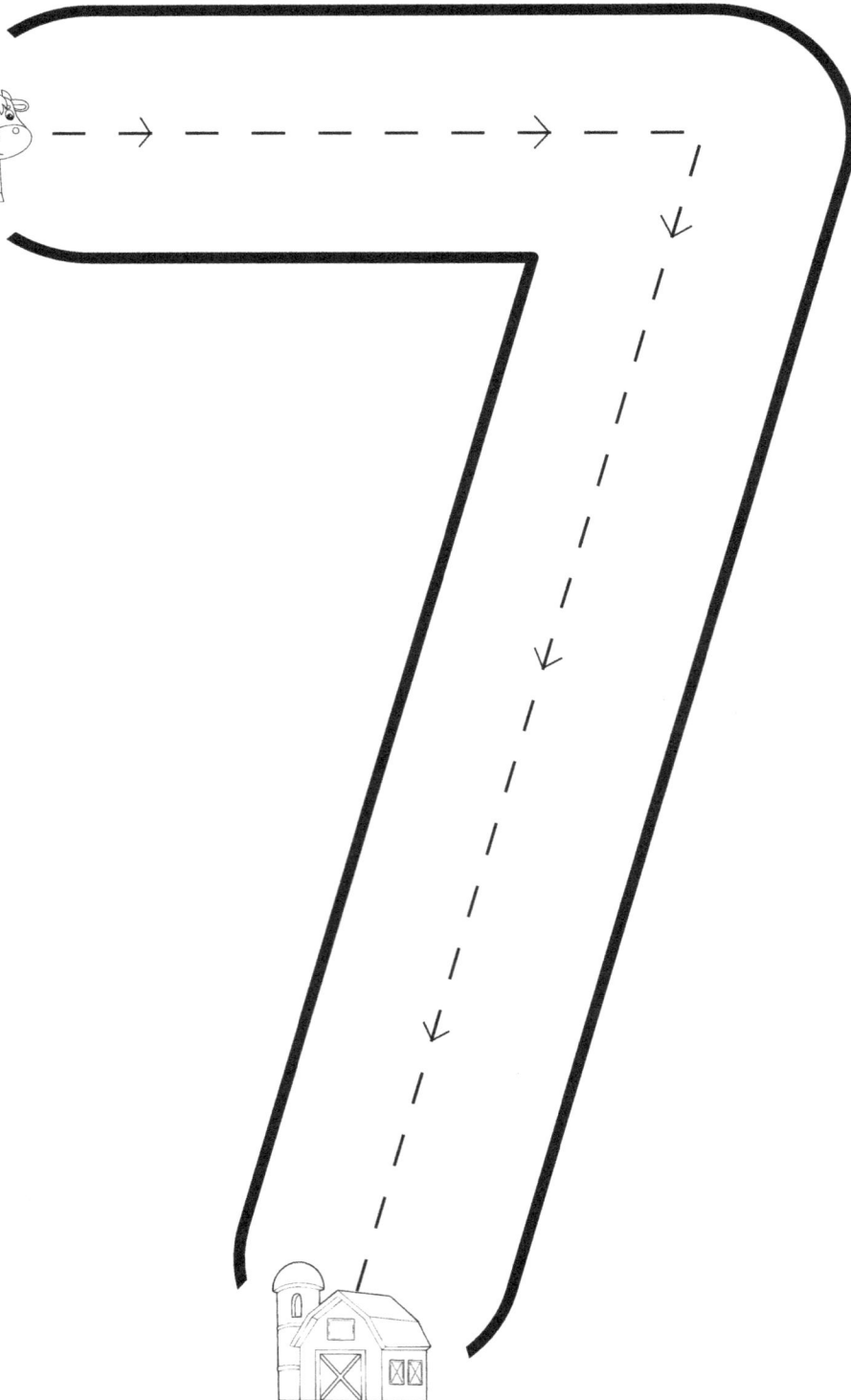

COLOR ME

HAY

HOW MANY?

COUNT HOW MANY SHEEP ARE IN EACH BOX
THEN CIRCLE, OR COLOR IN, THE NUMBER

5	6	4	8

2	7	5	3

1	6	5	7

8	4	1	3

COLOR ME

HEN AND CHICKS

PUZZLE

COLOR ALONG THE PATH

COLOR ME

TRUCK

TRACE ME

TRACE YOUR WAY TO THE BARN

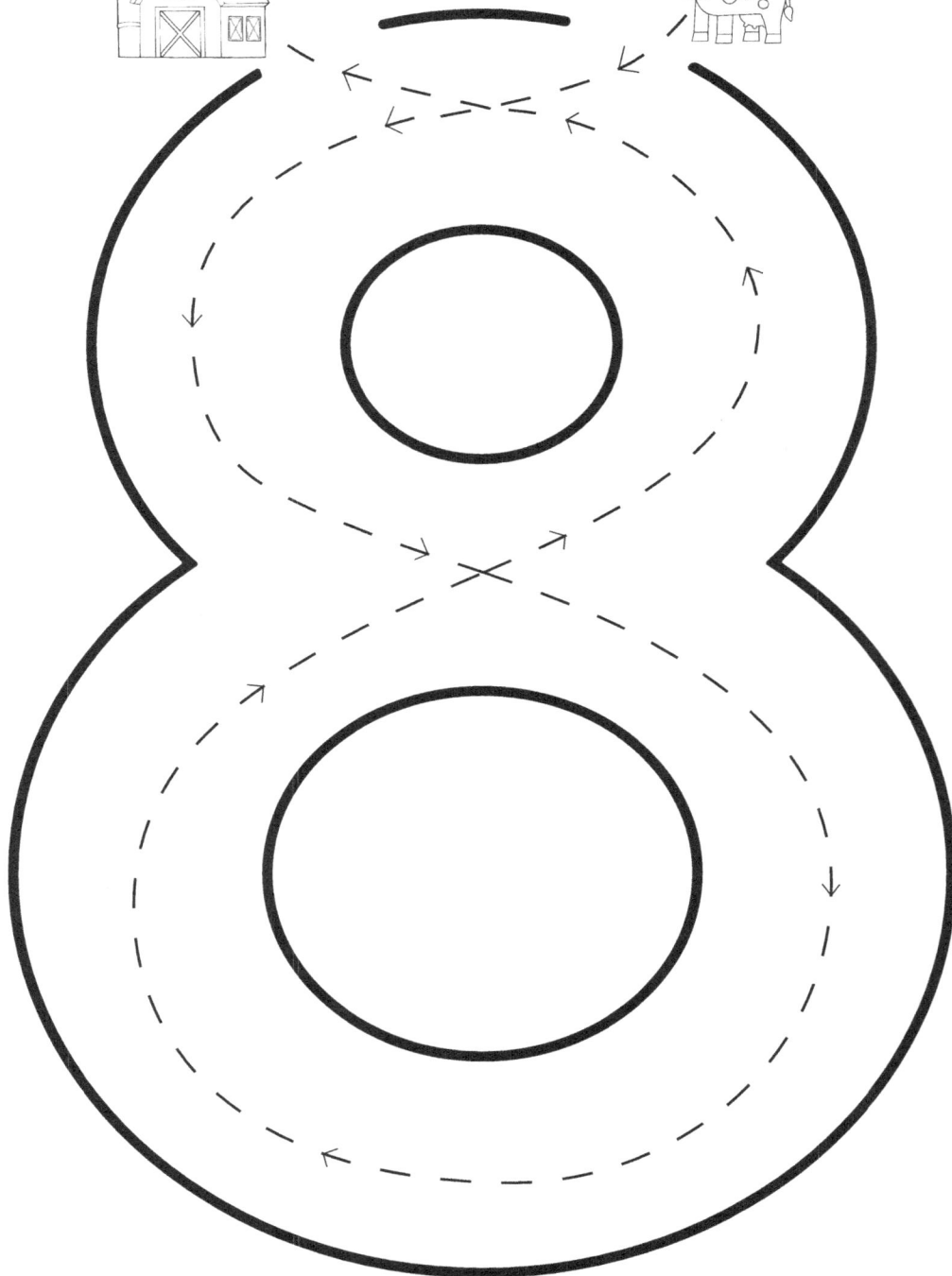

8

COLOR ME

TRACE ME

TRACE YOUR WAY TO THE BARN

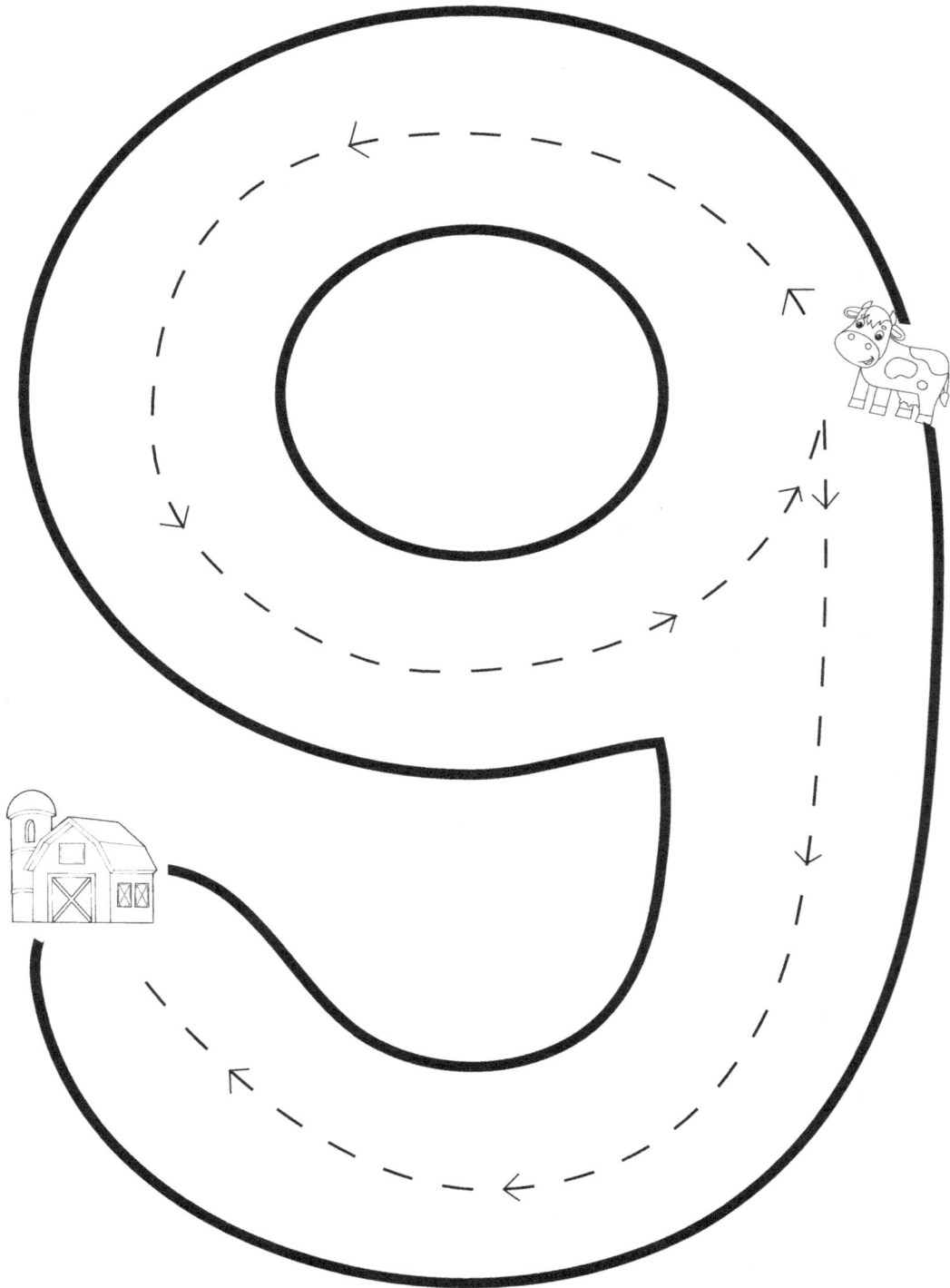

COLOR ME

Dot to Dot

Chick

1-5

CONNECT THE DOTS TO COMPLETE THE PICTURE

1

2

3

4

5

COLOR ME

READ THE NUMBER & COLOR THE AMOUNT

9

6

8

7

TRACE ME

TRACE THE NUMBERS

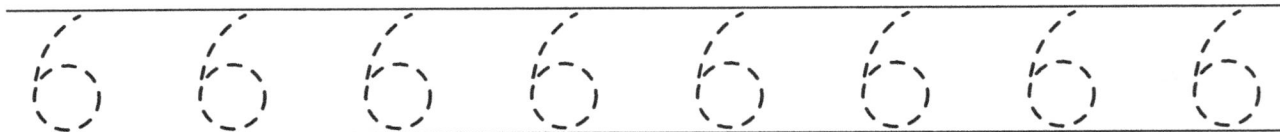

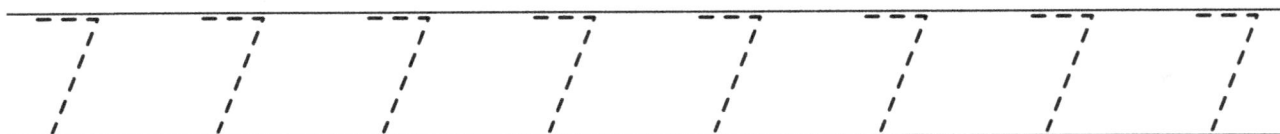

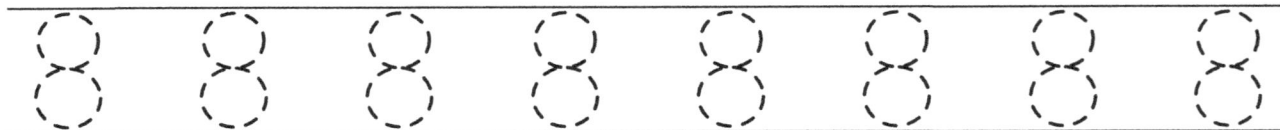

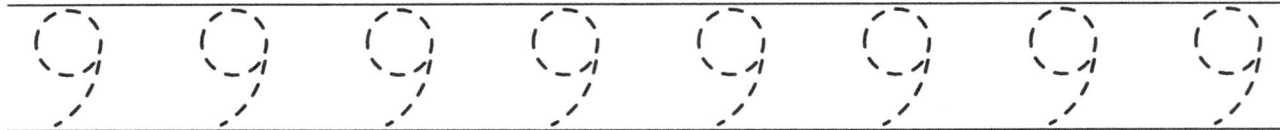

6 6 6 6 6 6 6 6

7 7 7 7 7 7 7 7

8 8 8 8 8 8 8

9 9 9 9 9 9 9 9

10 10 10 10 10 10 10 10

TRACE ME

TRACE YOUR WAY ALONG THE LINES

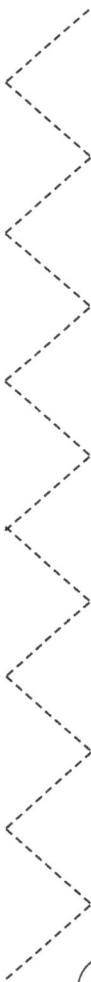

Dot to Dot

Sheep

1-10

CONNECT THE DOTS TO COMPLETE THE PICTURE

COLOR ME

PIG AND PIGLETS

HOW MANY?

COUNT HOW MANY PIGS ARE IN EACH BOX
THEN CIRCLE, OR COLOR IN, THE NUMBER

| 5 | 4 | 9 | 8 |

| 2 | 1 | 7 | 8 |

| 7 | 5 | 3 | 2 |

| 4 | 2 | 6 | 8 |

COLOR ME

ROOSTER

Dot to Dot

Duck

CONNECT THE DOTS TO COMPLETE THE PICTURE

3
4
2
1
5
6
8
7
9
10

COLOR ME

TRACE ME

TRACE YOUR WAY ALONG THE LINES

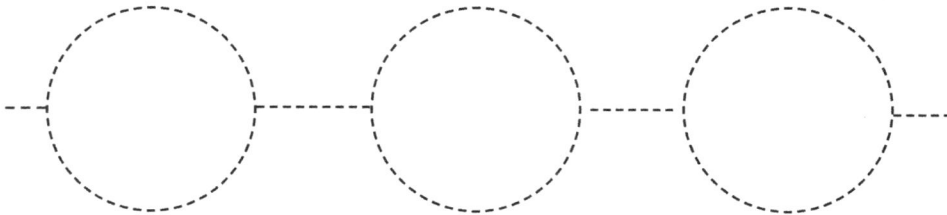

COLOR ME

COLOR ME

FIND THE NUMBER AND COLOR IN THE CIRCLES

0 8 1 0 8 0
9 5 2
3 6
0 0
9 0
4 1
8
0 2 4 0 7
7 6 0 5 0

COLOR ME

PIG

COLOR ME

FIND THE NUMBER AND COLOR IN THE CIRCLES

1 9 1 7 1

2 8 1 0

2

6

1 3 1 1 0

4 1 1 5 8

7 5 0 4 1

3 1 9 1 6

COLOR ME

COLOR ME

FIND THE NUMBER AND COLOR IN THE CIRCLES

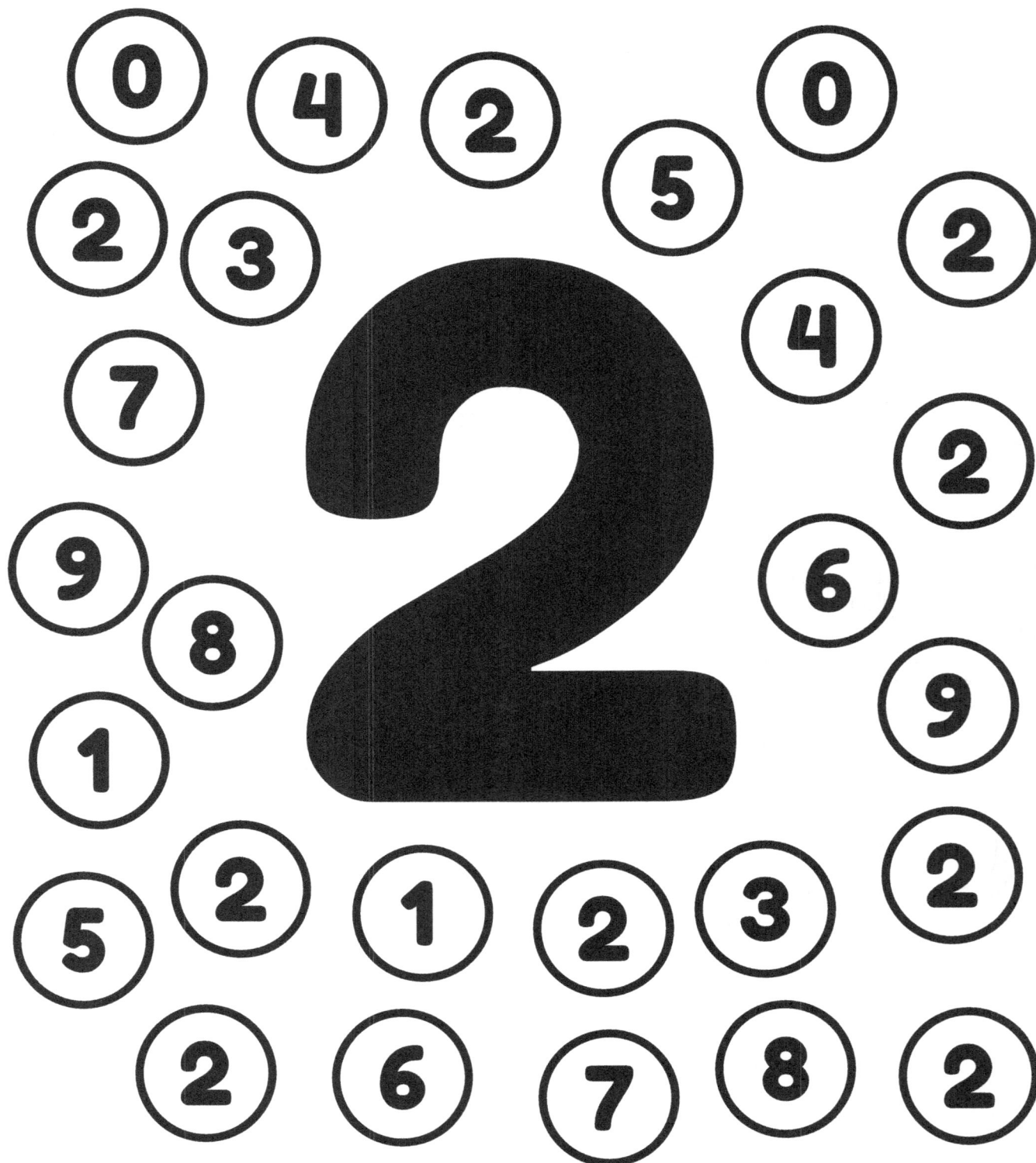

0 4 2 0

2 3 5 2

7 4

2

9 6

8 2

1 9

5 2 1 2 3 2

2 6 7 8 2

COLOR ME

HEN

COLOR ME

FIND THE NUMBER AND COLOR IN THE CIRCLES

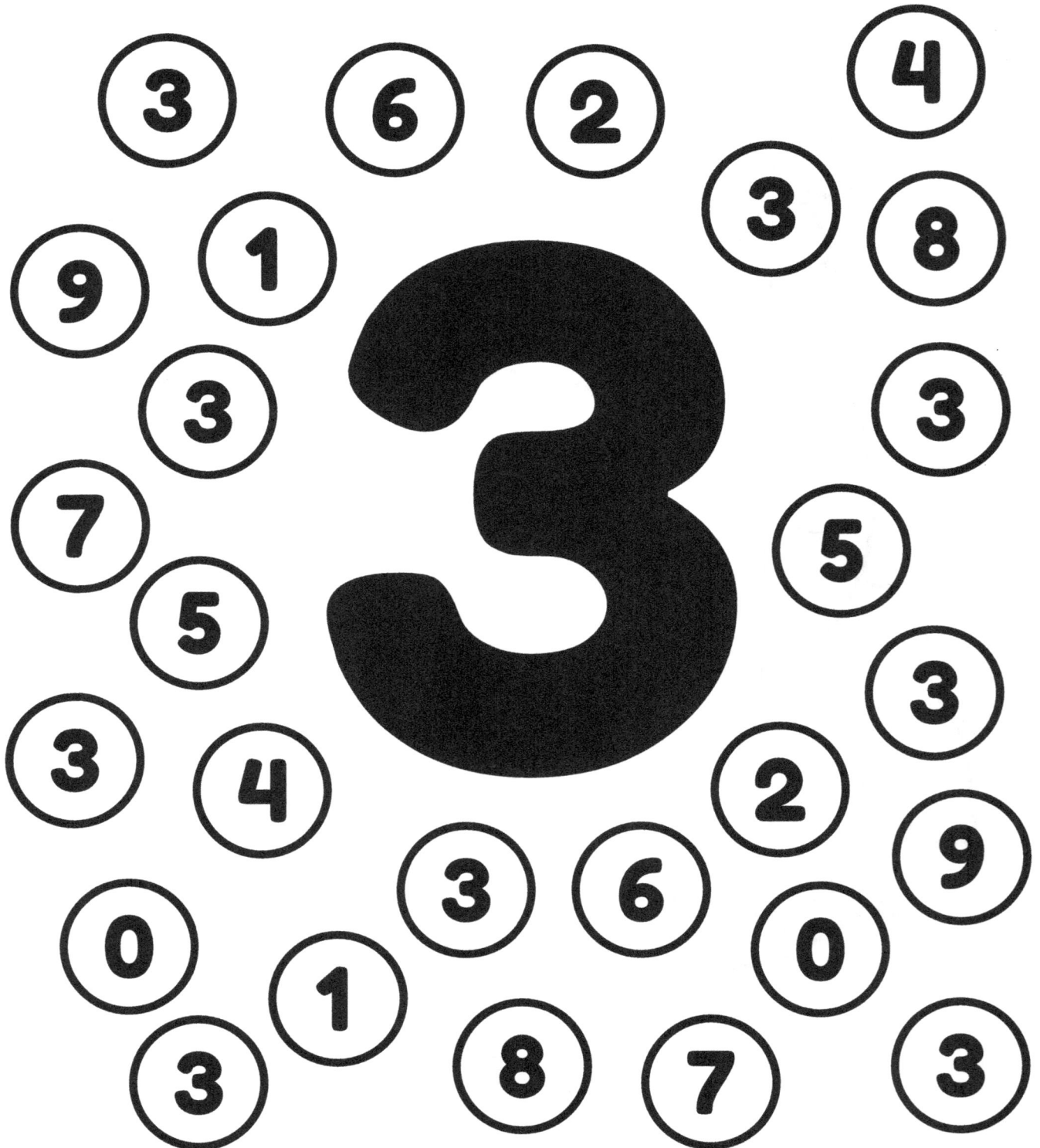

3 6 2 4

3 8

9 1

3 **3**

7

3

5

5

3 4 2

3 9

0 3 6 0

1

3 8 7 3

COLOR ME

GOAT

Dot to Dot

Chicken

1-10

CONNECT THE DOTS TO COMPLETE THE PICTURE

TRACE ME

TRACE YOUR WAY ALONG THE LINES

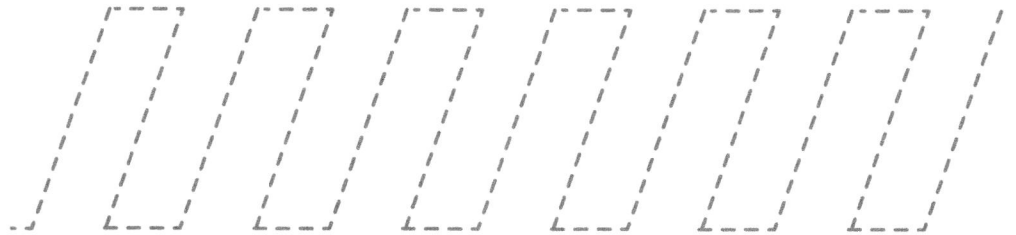

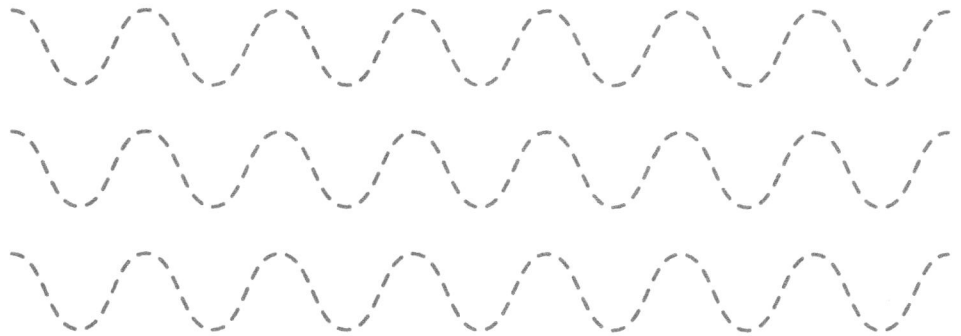

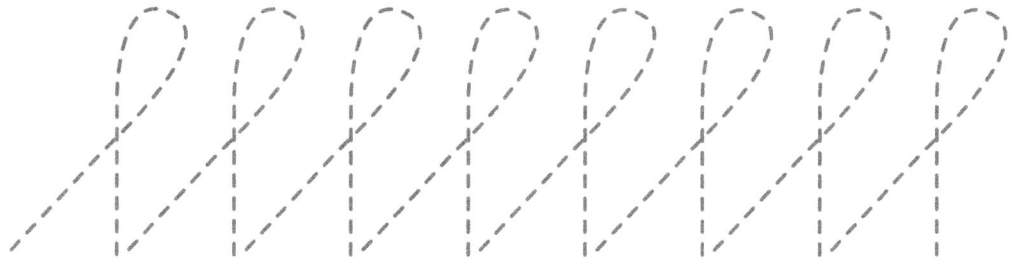

COLOR ME

FIND THE NUMBER AND COLOR IN THE CIRCLES

4 2   5   0
      4   4
8 9   6
      4   **4**   3

6   1
5
      0   4
4   4
3   1 7
9   7
4   2 8   4

COLOR ME

COLOR ME

FIND THE NUMBER AND COLOR IN THE CIRCLES

5 3 5 1 5
2 0
7 4 9
1 **5** 5
5 8
4 6
2 5 0
5 3 5 7
2 9 5
8 6

TRACE ME

TRACE YOUR WAY ALONG THE LINES

COLOR ME

FIND THE NUMBER AND COLOR IN THE CIRCLES

7 6 2 4 0

9 1 6

8 3 5

6 6

5 7

1

6 2 6

4 3 8 9

6 6 0 6

PUZZLE

Dot to Dot

Cow

1-20

CONNECT THE DOTS TO COMPLETE THE PICTURE

COLOR ME

COLOR ME

FIND THE NUMBER AND COLOR IN THE CIRCLES

7 1 7 3 7

4   9

9   8   7   1

7   0

6   7

0   6   5

4   7

7   7   5   2

2   8   3   7

HOW MANY?

COUNT HOW MANY PICTURES THERE ARE OF EACH ANIMAL THEN WRITE THE NUMBER AT THE TOP IN THE BOX

COLOR ME

FIND THE NUMBER AND COLOR IN THE CIRCLES

8 8 8 2

1 8

5 3 6

8 9

8

0

1

4

0 8

4 9

8 2 3

7 7

7 6 8 8

PUZZLE

HELP THE PIG FIND HIS WAY TO THE MUD PUDDLE

COLOR ME

FIND THE NUMBER AND COLOR IN THE CIRCLES

4 2 9 9

0 9 1

0 9 3 5

1 9

8 9 4 6

3

7 9

5 9 6 9

9 7 8 9 2

Dot to Dot

Llama

1-20

CONNECT THE DOTS TO COMPLETE THE PICTURE

TRACE ME

TRACE YOUR WAY ALONG THE LINES

ROOSTER

Dot to Dot

Horse

1–20

CONNECT THE DOTS TO COMPLETE THE PICTURE

COLOR ME

Dot to Dot

Donkey
1-20

CONNECT THE DOTS TO COMPLETE THE PICTURE

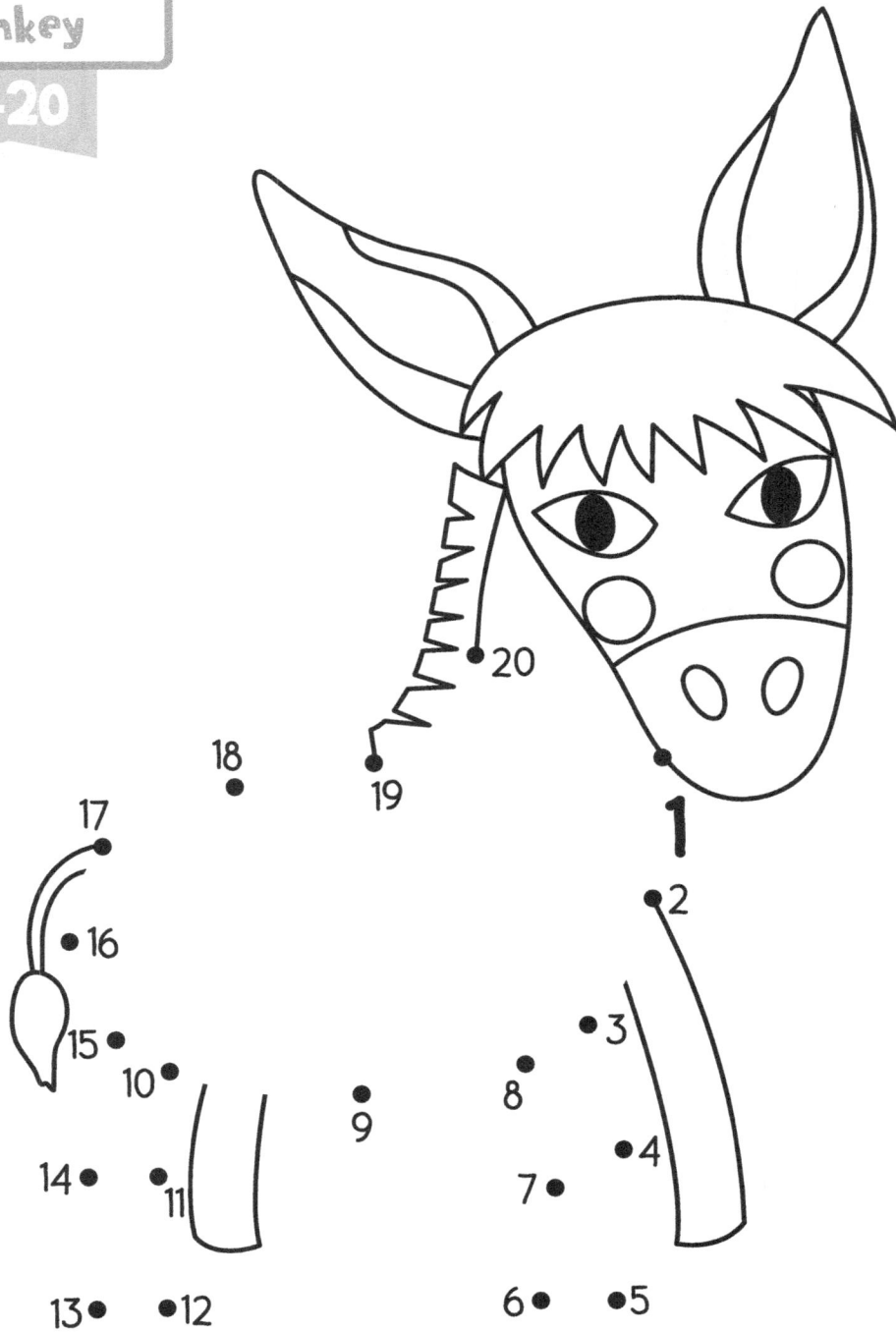

20

18

17

19

16

1

2

15

3

10

8

9

14

4

11

7

13   12

6   5

PUZZLE

HELP THE HORSE FIND HIS WAY TO THE HAY

Dot to Dot

Dog

1-30

CONNECT THE DOTS TO COMPLETE THE PICTURE

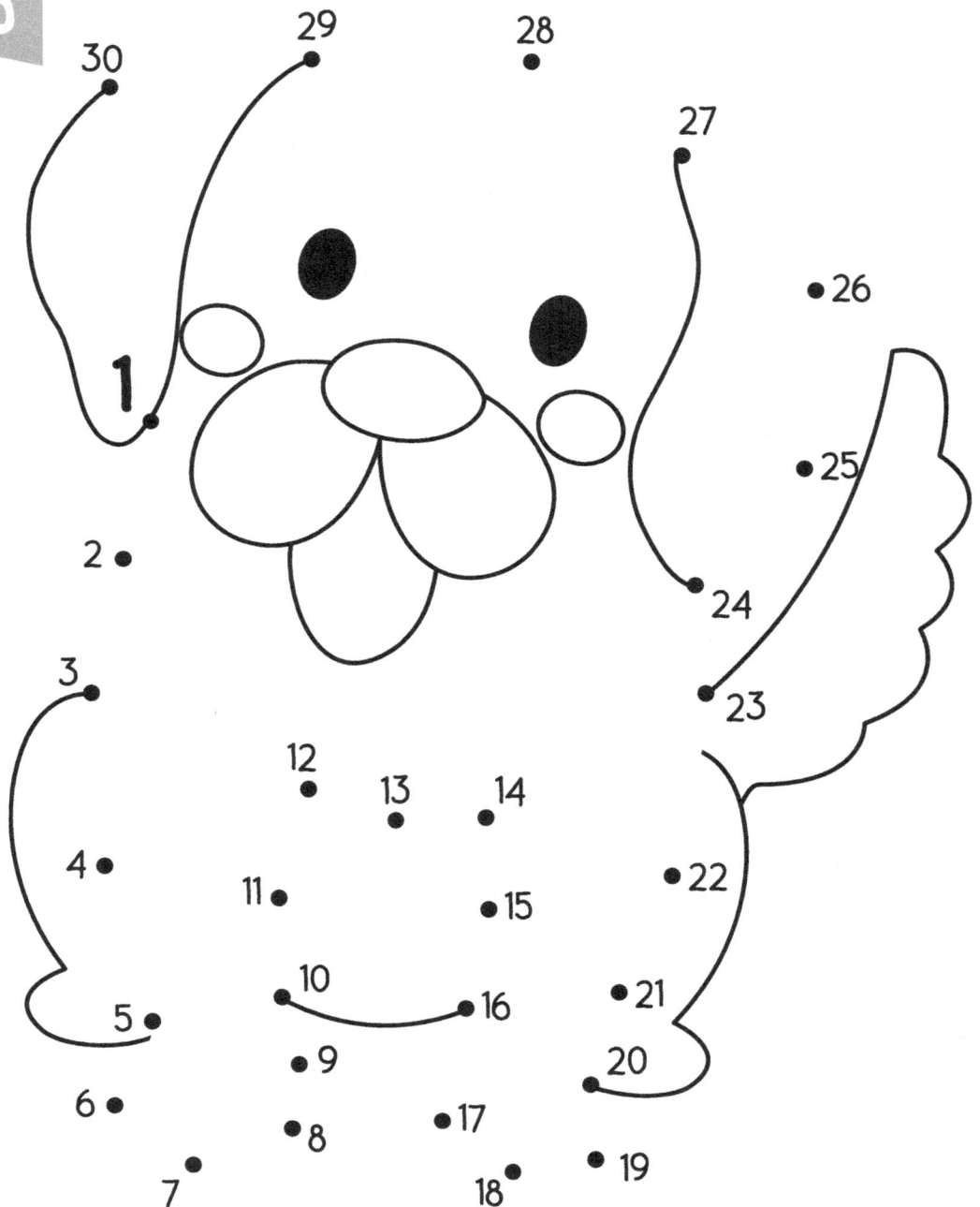

COLOR ME